Made in the USA
Middletown, DE
14 May 2020

94973817R00066